David M. X. Lehnerer

Soziale Ungleichheit, Schulversagen und Bildungsaufstiege

Bildungschancen für Schülerinnen und Schüler aus bildungsfernen Milieus

C000165005

GRIN - Verlag für akademische Texte

Der GRIN Verlag mit Sitz in München hat sich seit der Gründung im Jahr 1998 auf die Veröffentlichung akademischer Texte spezialisiert.

Die Verlagswebseite www.grin.com ist für Studenten, Hochschullehrer und andere Akademiker die ideale Plattform, ihre Fachtexte, Studienarbeiten, Abschlussarbeiten oder Dissertationen einem breiten Publikum zu präsentieren.

David M. X. Lehnerer

Soziale Ungleichheit, Schulversagen und Bildungsaufstiege

Bildungschancen für Schülerinnen und Schüler aus bildungsfernen Milieus

GRIN Verlag

Bibliografische Information der Deutschen Nationalbibliothek: Die Deutsche Bibliothek
verzeichnet diese Publikation in der Deutschen Nationalbibliografie; detaillierte bibliografische Daten sind im Internet über http://dnb.d-nb.de/ abrufbar.

1. Auflage 2009
Copyright © 2009 GRIN Verlag
http://www.grin.com/
Druck und Bindung: Books on Demand GmbH, Norderstedt Germany
ISBN 978-3-640-52136-4

Fachhochschule
Dortmund
University of Applied Sciences and Arts

Fachbereich: Angewandte Sozialwissenschaften

Studiengang: Soziale Arbeit

Akademischer Grad: Bachelor of Arts (B. A.)

Sommersemester 2009

Modulabschlussprüfung für das Modul 08:
„Sozialmanagement und Sozialpolitik"

Die Prüfung wird in Form einer wissenschaftlichen Hausarbeit innerhalb der
Lehrveranstaltung „Bildung und Sozialstaat – Perspektiven für eine Bildungsrepublik Deutschland" (08.1.4 B) vorgelegt.

Thema der Hausarbeit:

**Soziale Ungleichheit, Schulversagen und Bildungsaufstiege.
Bildungschancen für Schülerinnen und Schüler aus bildungsfernen Milieus.**

Autor: David M. X. Lehnerer

Abgabetermin (Deadline):   31. August 2009

Inhaltsverzeichnis

Einleitung

Diese wissenschaftliche Hausarbeit beschäftigt sich mit den Bildungsunterschieden bzw. mit der Chancengleichheit in unserem Bildungssystem. Können wir überhaupt von Chancengleichheit sprechen? Wenn nicht, wie ist dieser soziale Missstand zu erklären bzw. welche Aspekte führen zur Chancenungleichheit?

Bildung ist *spätestens* seit PISA eines der aktuellsten Themen in der Politik, in der Presse, allgemein in unserer Gesellschaft und natürlich auch in den Professionen der Wissenschaft.

- *„Im Dezember 2001 sagte Jürgen Baumert, der wissenschaftliche Leiter der ersten PISA-Studie in Deutschland: „Die Chancen eines Arbeiterkindes, anstelle der Realschule ein Gymnasium zu besuchen, sind viermal geringer als eines Kindes aus der Oberschicht"* (Preisendörfer, 2008: 4).

- *„Im September 2002 meldete „Der Spiegel": „Von den 32 untersuchten Nationen ist in keiner der Abstand zwischen der Leistung von Schülern aus privilegierten Familien und solchen aus unteren Schichten derart groß wie in Deutschland: Platz 32"* (ebd.).

- *„Im Oktober 2004 schrieb Eliteforscher Jochen Schweitzer, Vertreter der Kultusministerkonferenz, in den PISA-Gremien: „Die Schüler aus den unteren Sozialschichten werden viermal bestraft: durch ihre Herkunft, durch die ungerechte Selektion am Ende der Grundschule, durch die ungünstigen Lernbedingungen der Hauptschule und schließlich durch die geringsten Chancen auf dem Arbeitsmarkt"* (ebd.: 5).

Diese drei Zitate lassen vermuten, dass die Frage, ob in unsrem Bildungssystem von Chancengleichheit gesprochen werden kann, zweifellos mit „Nein" beantwortet werden könnte. Sie nehmen also einige Aspekte dieser Ausarbeitung vorweg. Näheres soll jedoch in dieser Hausarbeit geklärt werden.

Zunächst sollen die Begriffe „Bildung" und „Soziale Ungleichheit" erläutert werden. (Kapitel 1). Anschließend wird die Bedeutung von Übergängen nach der Grundschule in die Sekundarstufe I sowie nach dem ersten Sekundarbereich, der eventuelle Übergang in die Sekundarstufe II, anhand entscheidender (Selektions)Faktoren thematisiert (Kapitel 2). Das darauf folgende Kapitel widmet sich speziell dem Tertiärbereich des Bildungssystems und nimmt Aspekte wie die Bildungsbeteiligung von Angehörigen bildungsferner Milieus an Hochschulen, Motive von Bildungsaufsteigern sowie spezifische Beschreibungen einer Bildungsaufsteigerin auf (Kapitel 3).

Abschließend sollen die Erkenntnisse dieser Arbeit kritisch reflektiert bzw. diskutiert werden (Kapitel 4).

David M. X. Lehnerer, im August 2009

1 „Bildung" und „Soziale Ungleichheit"

1.1 Bildung

Der Begriff Bildung ist in aller Munde. Doch wissen eigentlich auch alle, was mit Bildung gemeint ist? Gibt es nur „genau eine Bildung" und damit befinden sich alle Meinungen in einem Konsens oder lässt sich der Begriff doch weiter ausdehnen als im ersten Moment angenommen?

Der Begriff Bildung hatte seinen Ursprung im Mittelalter und ist höchstwahrscheinlich einem theologischen Hintergrund unterlegen. (Vgl.: Portmann, 2006: 17)

Bildung beinhaltet zudem zwei Begrifflichkeiten: „bilden" und „Bild". Also etwas Gestalten im Bezug auf „bilden" sowie etwas „produzieren", aber auch „Vorbild" bezüglich des Wortes „Bild". (Vgl.: ebd.)

Der Begriff der Bildung vollzog in seiner Historie schon viele verschiedene Stationen im Hinblick auf das Begriffsverständnis. (Vgl.: ebd.)

Heute wird mit dem Begriff Bildung als erstes die Institution „Schule" in Verbindung gebracht. (Vgl.: ebd., 8; Dörpinghaus/Poenitsch/Wigger, 2009: 20)

Hinzu kommen viele verschiedene Begriffskonstellationen, wie z.B. *„Bildungssystem und (zweiter) Bildungsweg, Bildungskatastrophe und Bildungsreform, Bildungspolitik und Bildungsadministration, Bildungsrecht und Bildungsstatistik, Bildungsstandards und Bildungskanon, Bildungsabschlüsse und Bildungsprivileg, Bildungschancen und Bildungsbeteiligung usw."* (Dörpinghaus/Poenitsch/Wigger, 2009: 20).

Diese Begriffe beziehen sich vorrangig auf unser Schulwesen und beinhalten keine Aspekte wie z.B. *„(...) die biographische Bedeutung einzelner Situationen"* (ebd.).

Es stellt sich also die Frage, welche Aspekte der Begriff Bildung neben dem überwiegenden Bezug zur Schule außerdem beinhaltet.

Bildung qualifiziert nicht nur, sie fördert und trägt erheblich zur Entwicklung des Individuums bei. (Vgl.: Kraus, 2008: 8)

In den verschiedenen Professionen der Wissenschaft wird der Bildungsbegriff sehr häufig verwendet. Die große Schwierigkeit liegt jedoch darin, den Bildungsbegriff möglichst genau beschreiben zu können. Den Begriff Bildung in einem wissenschaftlichen Kontext zu verwenden, erzeugt also durchaus Reibereien. (Vgl.: Dörpinghaus/Poenitsch/Wigger, 2009: 136)

So wird der Bildungsbegriff in der Erziehungswissenschaft hin und wieder mit dem Begriff „Erziehung" gleichgesetzt. Soziologen hingegen verwenden den Bildungsbegriff im Zusammenhang mit den Substantiven „Sozialisation" und „Identität". (Vgl.: ebd.)

Auch die Begriffe, die mit dem Bildungsbegriff eng verwandt sind, geraten in den wissenschaftlichen Professionssog und dominieren ihren Bereich.

„(...) wenn von Ausbildung, Qualifikation oder Kompetenz die Rede ist, kommen berufspädagogische und bildungsökonomische Perspektiven ins Spiel, und der Lernbegriff und der Wissensbegriff sind geprägt von psychologischen und soziologischen Zugriffen, während philosophisch-pädagogische Bestimmungen seltener wahrgenommen werden" (Dörpinghaus/Poenitsch/Wigger, 2009: 136).

Der Begriff Bildung ist also (neben der Assoziation zur Schule) umfangreich ausgefüllt. Im nächsten Kapitel soll ein Teilbereich des Bildungsbegriffs dargelegt werden.

1.2 Bildung als Statussymbol

Generell bezeichnet der Statusbegriff die entweder bessere oder die schlechtere Gesellschaftsstellung des Menschen. Dies bedeutet also, dass der Status die Stellung eines Menschen im eher oberen Bereich einer sozialen Dimension der sozialen Ungleichheit (vgl. hierzu auch Kapitel 1.3 und 1.4) bezeichnet, oder den eher unteren Bereich des Menschen einer solchen Dimension der sozialen Ungleichheit bezeichnet. (Vgl.: Hradil, 2001: 33)

In den einzelnen Dimensionen verfügt nicht jedes Individuum über den gleichen Status und es sind auch nicht alle Statusanordnungen verschieden. Hier ist die Rede von der sog. *„Statusverteilung"* (ebd.). *„Statusgruppen"* (ebd.) bezeichnen die Gruppierungen von Personen, die über einen ähnlich hoch oder weniger angesehenen Status verfügen. (Vgl.: ebd.)

Speziell die Bildung wird mehr und mehr zum Symbol des gesellschaftlichen Status, den ein Mensch in seinem Leben erreicht bzw. erreichen kann, da die Bedeutung von Bildung auf langfristiger Basis die Grundlage der individuellen Lebenschancen bildet. (Vgl.: Geißler. In: Maaz, 2006: 25)

Bezüglich der Bildung definiert Hradil (2001) die *„Statuszuweisung"* wie folgt:

„Den Bildungseinrichtungen wurde seit dem Ende der Ständegesellschaft immer konsequenter die Aufgabe übertragen, die individuelle Leistungsfähigkeit bzw. -bereitschaft zu messen und zu bestätigen. Mit diesen Leistungsnachweisen soll den einzelnen der gesellschaftliche Status zugewiesen werden, der ihnen gemäß ihrer individuellen Leistung zukommt." (Hradil, 2001: 150)

Die sozialen Chancen sind sehr stark am Bildungsniveau eines Menschen gekoppelt. So beinhaltet der Zugang zur Bildung sowie die entsprechenden Zertifikate der Bildungsinstitutionen (vgl. hierzu auch Kapitel 2.3) eine wesentliche Entscheidungskompetenz bezüglich der Position, die der Mensch in der Gesellschaft einnimmt. Besonders in der Bundesrepublik Deutsch-

land besteht ein sehr großer Zusammenhang zwischen Bildung und Beruf. Dies ist dann auch zwangsläufig mit dem Statuserwerb des Menschen verbunden. (Vgl.: Müller/Shavit. In: Maaz, 2006: 25)

Für die Arbeitswelt (und der damit verbundene Statuserwerb) ist nicht nur Leistung entscheidend, sondern bei der Auswahl des Arbeitnehmers auch oder sogar in erster Linie der *„Bildungstitel"* (Maaz, 2006: 26).

Maaz (2006) betont, dass dies in Deutschland keineswegs eine neue wissenschaftliche Erkenntnis ist. Das Ineinanderverlaufen von Bildungsqualifikationen und der Arbeitsmarktwelt war bereits in Preußen gegeben und beruht so schon eher auf einer Tradition. (Vgl.: Fischer/Lundgreen. In: Maaz, 2006: 26)

Kapitelabschließend und- übergreifend kann festgehalten werden, dass Bildung im Zusammenhang des gesellschaftlichen Status äußerst eng miteinander verbunden sind. In diesem Kapitel wurden bereits einige Aspekte der sozialen Ungleichheit angerissen. Die nächsten drei Unterkapitel richten ihren Fokus speziell auf dieses gesellschaftliche Phänomen.

1.3   Soziale Ungleichheit

Hradil stellt zum Begriff „Soziale Ungleichheit" folgende Definition auf:

„„Soziale Ungleichheit" liegt dann vor, wenn Menschen aufgrund ihrer Stellung in sozialen Beziehungsgefügen von den „wertvollen Gütern" einer Gesellschaft regelmäßig mehr als andere erhalten." (Hradil, 2001: 30)

Wie der Begriff der „Stellung" einzuordnen ist, konnte bereits im Kapitel 1.2 geklärt werden. Doch was meint Hradil mit „wertvollen Gütern einer Gesellschaft"?

Bestimmte Güter werden in unserer Gesellschaft als besonders wertvoll betrachtet. Zum Beispiel wird ein hoher Bildungsabschluss als wertvoll angesehen. Doch auch Arbeitsbedingungen, Titel oder Geld sind Güter, die in der Gesellschaft besonderen Wert besitzen. (Vgl.: ebd.: 28)

Menschen die über diese beispielhaft wertvollen Güter verfügen, erscheinen uns *„als besser- oder höhergestellt"* (ebd.) als uns andere Menschen erscheinen.

Güter gelten als wertvoll, wenn mit ihnen etwas sehr wünschenswertes in Verbindung gebracht wird. (Vgl.: ebd.) Hradil nennt Beispiele wie: *„Wohlstand, Sicherheit, Gesundheit und individuelle Autonomie"* (2001: 28).

Der Begriff „Soziale Ungleichheit" ist jedoch nicht nur abstrakt mit wertvollen Gütern gefüllt, sondern auch mit der Vorstellung wie diese Güter verteilt sein sollten, damit „Ungleichheit"

in Betracht gezogen werden kann. Denn was Ungleichheit genau besagt, ist nicht präzise zu erläutern. (Vgl.: ebd.)

Hradil differenziert jedoch zwischen „absoluter Ungleichheit" und „relativer Ungleichheit".

„Absolute Ungleichheit ist dann gegeben, wenn von den „wertvollen" Gütern einer Gesellschaft (Geld, Bildungsabschlüsse, gesunde Lebens- und Arbeitsbedingungen etc.) ein Gesellschaftsmitglied mehr als ein anderes erhält." (Hradil, 2001: 28) *„Relative Ungleichheit besteht dagegen im Hinblick auf bestimmte Verteilungskriterien, wie z.B. Leistung, Bedürfnisse, Alter und Dienstalter. Relative Ungleichheit tritt z.B. dann auf, wenn bestimmte Personen mehr verdienen, als sie ihrer Leistung gemäß „verdienen""*. (Hradil, 2001: 28f.)

Eine weitere Komponente des Begriffs „Soziale Ungleichheit" ist, neben den wertvollen Gütern und ihre Verteilung, der Aspekt, dass soziale Ungleichheit zwischen allen Gesellschaftsmitgliedern gemeint sein kann, aber auch zwischen speziellen Gruppierungen, wie z.B. das Erwerbseinkommen zwischen Männern und Frauen oder zwischen Inländern und Ausländern. (Vgl.: ebd.: 30)

„Soziale Ungleichheit" ist sehr vielfältig. Diese Vielfältigkeit wird in bestimmte Dimensionen eingeteilt, welche im folgenden Unterkapitel ebenfalls mit den Erkenntnissen Hradils beschrieben werden.

1.4   Dimensionen sozialer Ungleichheit

Dimensionen sozialer Ungleichheit benennen die „Kategorien", die im Zusammenhang der sozialen Ungleichheit entscheidend sind. Als sog. *„Basisdimensionen"* benennt Hradil (2001) die Aspekte *„materieller Wohlstand, Macht und Prestige"* (ebd.: 31). Sie werden als Basisdimensionen bezeichnet, weil speziell diese Kategorien die unvorteilhaftesten bzw. vorteilhaftesten Auswirkungen für Menschen haben, die ein „erstrebenswertes Leben" verfolgen. Hradil betont, dass „Bildung" als vierte Basisdimension hinzugekommen ist. Denn Bildung sei bezüglich anstrebenswerter Lebensziele, sei es Titel, Ansehen, Geld, Wohlstand usw., so Hradil, unumgänglich. (Vgl.: ebd.) Neben den Basisdimensionen werden auch die Dimensionen *„Arbeits-, Wohn-, Umwelt- und Freizeitbedingungen"* (ebd.) benannt.

Hradil führt auf, dass Basisdimensionen und andere Dimensionen sozialer Ungleichheit quasi „miteinander kooperieren" (können). *„So läßt sich materieller Wohlstand unter Umständen in bessere Wohnbedingungen, in mehr Freizeit, Macht und Prestige überführen; aber auch umgekehrt kann man Prestige und Macht oft in klingende Münze und Wohlstand „umtauschen"."* (Ebd.: 32)

In modernen Gesellschaften wird diese „Umwandlungsmöglichkeit" sehr oft zum Ziel, denn beispielsweise verfügt ein hochangesehener Gebildeter (also hoher Bildungsgrad) oft über mehr Anerkennung und ein höheres Einkommen, im Vergleich zu einem niedrigangesehenen Gebildeten (also niedriger Bildungsgrad). Dies wird gesellschaftlich legitimiert. (Vgl.: ebd.) Das Benennen von Basisdimensionen und anderen Dimensionen sozialer Ungleichheit enthält jedoch noch keine Ursachen der sozialen Ungleichheit. Es können lediglich Zusammenhänge geschlossen werden. (Vgl.: ebd.: 34) Das nächste Kapitel soll einen groben Überblick über die Determinanten sozialer Ungleichheit verschaffen.

1.5 Determinanten sozialer Ungleichheit

Determinanten der sozialen Ungleichheit sollen mögliche Erklärungen liefern. So beschreibt Hradil (2001) den Begriff „Determinanten" bezüglich der sozialen Ungleichheit wie folgt: *„Als Determinanten sozialer Ungleichheit bezeichnet man soziale Positionen von Menschen in Beziehungsgeflechten, wie etwa das Geschlecht, das Alter, den Beruf, die Wohnregion, die ethnische Zugehörigkeit, die Kohortenzugehörigkeit (Geburtsjahrgang), die an sich keine Besser- oder Schlechterstellung darstellen, aber diese mit hoher Wahrscheinlichkeit nach sich ziehen."* (Hradil, 2001: 34)

Verschiedene Determinanten haben also Einfluss auf die soziale Ungleichheit. So ist es z.B. im Grunde kein Vorteil ein Mann zu sein, dennoch verfügt das männliche Geschlecht über gesellschaftliche Vorteile. Zum Beispiel bei den Berufschancen oder dem Einkommen. (Vgl.: ebd.)

Eine bestimmte Anzahl von Determinanten sozialer Ungleichheit sind „zugeteilt" und unveränderbar, wie z.B. das Geschlecht oder das Alter. Andere Determinanten können jedoch vom Menschen aus eigener Kraft verändert werden und somit Teile der „individuellen sozialen Ungleichheit" verändern, wie z.B. durch den Beruf. (Vgl.: ebd.: 35)

Aus den Determinanten lassen sich immer Gruppierungen bilden. Diesen Gruppierungen werden bestimmte Chancen ermöglicht oder verwehrt. (Vgl.: ebd.) Diesbezügliche Gruppierungen können sein: „die Frauen", „die Männer", „die Arbeiter", „die Akademiker" (usw.). Die einzelnen Gruppen bzw. den einzelnen „Gruppenmitgliedern" sind sich ihrer Statuschancen (ob hoch angesehen oder weniger hoch angesehen) bewusst. (Vgl.: ebd.)

Diese Determinanten und die sich daraus erschließenden Zusammenhänge der sozialen Ungleichheit werden oft öffentlich thematisiert. (Vgl.: ebd.) Auch diese wissenschaftliche Hausarbeit wird sich im weiteren Verlauf bildungsspezifisch näher mit diesen Aspekten befassen.

2. Die Bedeutung von Übergängen

2.1 Der Übergang in die Sekundarstufe I – Selektion nach Schulformen

Nachdem die grundlegenden Begriffe „Bildung" und „Soziale Ungleichheit" thematisiert wurden, richtet sich der Fokus in den folgenden Kapiteln nun auf den eigentlichen Schwerpunkt dieser Arbeit. Zu Beginn wird der Übergang in die Sekundarstufe I dargestellt.

Schülerinnen und Schüler der Bundesrepublik Deutschland verbringen ihre „Bildungszeit" lediglich in der Elementarstufe, also im vorschulischen Bereich und in der Primarstufe, also in der Grundschule gemeinsam. (Vgl.: Ipfling, 2001: 122) Anschließend erfolgt die Selektion in die verschiedenen Schulformen der Sekundarstufe I. Dies sind: Hauptschule, Realschule, Gymnasium. Je nach Bundesland existieren auch Namen, wie beispielsweise Regelschule oder erweiterte Realschule. Zudem existiert die Gesamtschule. (Vgl.: ebd.)

Wie lässt sich nun die soziale Ungleichheit in das selektive Bildungssystem einordnen? Verschiedene Determinanten sozialer Ungleichheit sind ausschlaggebend für den Bildungsverlauf von Schülerinnen und Schüler. Ausgewählte sollen in diesem Kapitel verdeutlicht werden.[1]

Die Erkenntnisse des ersten Kapitels lassen annehmen, dass die Selektion an sich bereits Teil der sozialen Ungleichheit ist. (Vgl.: Kap. 1.3; 1.4; 1.5) Der Übergang auf eine der Schulformen der Sekundarstufe I ist die wichtigste Entscheidung für den weiteren Bildungsverlauf eines Schülers/einer Schülerin. Denn hier werden die Bildungschancen und die damit verbundene zukünftige Statuszugehörigkeit für den Lebenslauf „bestimmt". (Vgl.: Baur; Henz und Maas, 2008: 166; Kristen, 2003: 26; Kristen, 2008: 167).

Zunächst soll der selektive Übergang in die Sekundarstufe I anhand der **sozialen Herkunft** von Schülerinnen und Schülern dargelegt werden.

Hradil (2001) hebt hervor, dass sich bereits in den 1960er Jahren die soziale Herkunft als *„Brennpunkt"* (164) von Bildungschancen etabliert hat. Demnach ist das Phänomen „Bildung und soziale Herkunft" keine neue Erkenntnis der sozialen Ungleichheit. Schon damals waren besonders Kinder aus Arbeiterfamilien benachteiligt. (Vgl.: ebd.)

Hradil fügt die Aspekte *„Beruf der Eltern", „Bildung der Eltern"* und *„Einkommen der Eltern"* als selektionsspezifische Faktoren auf. (Vgl.: ebd.: 165ff.)

---

[1] Aufgrund der begrenzten Rahmenbedingungen dieser wissenschftl. Hausarbeit erfolgt die Darstellung in dieser Ausarbeitung lediglich anhand der Aspekte „Soziale Herkunft"; „Geschlecht" und „Migrationshintergrund". Dies sind zugleich die bedeutsamsten Faktoren der Selektion. (Vgl.: Ditton, 2008: 247) Andere Faktoren, wie z.B. Region (u.a.) seien hiermit als weitere Faktoren der schulischen Selektion genannt. Sie werden jedoch nicht weiter ausgeführt.

Alle drei Faktoren, also Berufs-, Bildungs- und Einkommensniveau der Eltern, haben Einfluss auf die Chancen der Kinder. (Vgl.: ebd.: 166)

Hradil erläutert beispielsweise wie folgt: *„Ende der 80er Jahre besuchten vier Fünftel der Kinder, deren „Familienvorstand" über einen Hochschulabschluß verfügte, im Alter von 13-14 Jahren das Gymnasium. Von den Kindern, deren „Familienvorstand" nur einen Hauptschulabschluß ohne Lehre erreicht hatte, gelangte dagegen nur ein Achtel auf das Gymnasium (Schimpl-Neimanns/Lüttinger 1993, 97)."* (ebd.: 166f.)

Lehmann u.a. machten im Jahr 1997 am Beispiel der Stadt Hamburg deutlich, dass die soziale Herkunft auf die Entscheidung des Besuches der weiterführenden Schule erheblichen Einfluss einnimmt. Hier wurden die Empfehlungen der Grundschulen analysiert. Die Untersuchungen ergaben, dass eine Empfehlung für das Gymnasium deutlich vom Bildungsgrad des Vaters abhängig gemacht wird. (Vgl.: Lehmann et al. In: Maaz, 2006: 77).

„(...) 15,7 Prozent der Schüler, deren Väter keinen Schulabschluss vorweisen können, haben eine Gymnasialempfehlung erhalten, bei Schülern mit Vätern, die mittlere Reife absolviert haben, waren es 40,2 Prozent und bei Kindern deren Väter das Abitur haben, sogar 69,8 Prozent" (zit. nach Lehmann et al. In: Maaz, 2006: 77).

Selbst wenn Kinder aus einer höheren Schicht und Kinder aus einer niedrigeren Schicht stammen und über den gleichen Leistungsstand bzw. Begabungsstand verfügen, werden die niedrigschichtigen Kinder benachteiligt. (Vgl.: Ditton, 2008: 249; Maaz, 2006: 79)

„Für Jugendliche aus einer Oberschichtfamilie (...) sind die Chancen, anstelle einer Realschule ein Gymnasium zu besuchen, 4,28-mal so hoch wie die Chance eines Arbeiterkindes. Im Vergleich dazu ist das Risiko eines Jugendlichen der Oberschicht, anstelle der Realschule eine Hauptschule zu besuchen, nur etwa halb so groß wie das eines Gleichaltrigen aus einer Arbeiterfamilie" (Maaz, 2006: 78).

Maaz weist daraufhin, dass sich die Lehrkräfte der Primarstufe bei ihren Übergangsempfehlungen auf die Unterstützungswahrscheinlichkeit beziehen, die Eltern ihren Kindern im Schulverlauf bieten können. So erhalten die Kinder aus einer niedrigen Schicht mit hoher Wahrscheinlichkeit weniger Unterstützung. (Vgl.: ebd.: 78)

Auch Ditton verweist auf die Besserstellung der Kinder bezüglich der Unterstützung aus sozial begünstigten Familien. Ihnen stehe ein *„breiteres Repertoire an Handlungsmöglichkeiten zur Verfügung, um den Schulerfolg des Kindes zu fördern (...)"* (Ditton, 2008: 249). Zudem verweist Ditton auf Steinkamp, der 1967 darlegte, dass Lehrkräfte bei ihren Übergangsempfehlungen zu höher angesehenen Schulformen auch auf Aspekte wie z.B. Fleiß, Konzentrati-

on, Ordnung, Disziplin und ähnliches als „Überweisungskriterium" hinzuziehen. (Vgl.: Ditton, 2008: 253)

Als nächstes wird anhand des **Geschlechts** die Selektion in der Sekundarstufe I aufgeführt. Dies soll überwiegend anhand von statistischen Daten erfolgen.

In den 1960er Jahren wurde festgestellt, so Hradil (2001), dass Mädchen in den Schulen der Sekundarstufe I am wenigsten vertreten waren, die den Zugang zu einem höheren Bildungsabschluss ermöglichten. Erst nach und nach wuchs die Bildungsbeteiligung des weiblichen Geschlechts. Das männliche Geschlecht wurde sogar von den Mädchen bezüglich besserer Noten „eingeholt". Hradil führt beispielsweise auf, dass in den 1990er Jahren *„ (...) nur noch 4 von 10 (1995: 41,1 %) der Jugendlichen, die ihre Schulpflicht bereits nach der Hauptschule beendeten, weiblich"* waren (Hradil, 2001: 160). 51,9 % weibliche Absolventen verließen 1995 die Realschule mit der mittleren Reife. Auch das Gymnasium weist einen größeren Anteil der Mädchen beim Verlassen der Schule auf. Waren es 1967 nur 36,5 % Mädchen, die sich als Abiturientinnen bezeichneten durften, so konnte man 1995 mehr als die Hälfte der Absolventen der allgemeinen Hochschulreife mit weiblichen Geschlecht in diese Kategorie einordnen. Nämlich 51,3 %. (Vgl.: ebd.)

Auch Anke Burkhardt befasste sich auf statistischer Basis mit der Geschlechtsselektion im Bildungswesen. Ihre Studie wurde 2004 bei der „Gewerkschaft Erziehung und Wissenschaft (GEW)" veröffentlicht. Burkhard betitelte einen Gliederungspunkt ihrer Ausarbeitung wie folgt:

„Geschlechtstypik an allgemein bildenden Schulen: der Hauptschüler – die Gymnasiastin" (http://www.zvw.unikarlsruhe.de/download/selektion_nach_geschlecht.pdf, Zugriff v. 24.05.09: 3)

Diese Betitelung entspräche auch den bereits aufgeführten Zahlen von Hradil.

Burkhard erläutert, dass unser Schulwesen ein geschlechtsspezifisches Schulwesen sei. So sind Jungen an den Hauptschulen weitaus mehr vertreten, als Mädchen. Der Besuch des Gymnasiums wird von den Mädchen dominiert. Lediglich in der Realschule liegt ein relativer Ausgleich vor: *„Jungen 50,9 Prozent, Mädchen 49,1 Prozent"* (Burkhardt, Onlinezugriff: ebd.: S. 4)

11

Bezüglich der Schulabgänger und Schulabgängerinnen des Schuljahres 2001/02 bringt Burkhardts Studie folgende Zahlen hervor:

Tab. 1: Schulabgänger/-innen (nach Beendigung der Vollzeitschulpflicht) des Schuljahres 2001/02 nach Abschlussart

	Mädchen (= 100 %)	Jungen (= 100 %)
Ohne Hauptschulabschluss	7,1	11,9
Hauptschulabschluss	22,2	28,6
Realschulabschluss	42,9	38,5
FH/HS-Reife	27,8	21,0

(Burkhardt; http://www.zvw.uni-karlsruhe.de/download/selektion_nach_geschlecht.pdf; Zugriff v. 24.05.09: 5)

Ein weiterer Blick soll nun auf den Kausalzusammenhang zwischen Schulselektion und **Migrationshintergrund** gerichtet werden.

Schüler und Schülerinnen, die als sog. *„Migrantenkinder"* (Kirsten, 2003: 26) zu bezeichnen sind, erzielen durchaus geringerer Bildungsabschlüsse als deutsche Schülerinnen und Schüler. Kinder mit Migrationshintergrund sind häufiger an Hauptschulen vertreten, als an Schulen mit höheren Bildungszielen, wie die Realschule oder das Gymnasium. (Vgl.: ebd.)

Insgesamt betrachtet, verlassen sogar *„rund 20 Prozent der ausländischen Jugendlichen (...) jedes Jahr das Schulsystem ohne Schulabschluss, während es bei den Deutschen nur etwa 8 Prozent sind"* (Kristen, 2003: 26).

Die erbrachten Leistungen in den Fächern Deutsch und Mathematik sind für den Übergang in eine Schule der Sekundarstufe I von erheblicher Bedeutung.[2] (Vgl.: ebd.: 28) Ausländische Kinder erzielen in der Primarstufe vor allem im Fach Deutsch wesentlich schlechtere Leistungen als deutsche Kinder. (Vgl.: Kristen, 2003: 28; Diefenbach, 2008: 237)

Neumann erläutert diesbezüglich wie folgt:

„Die Beherrschung der deutschen Sprache gilt als Schlüssel zum Schulerfolg und zum gesellschaftlichen Aufstieg, während die mitgebrachten Sprachen der Einwanderer nicht als gesellschaftliche Ressource positiv bewertet werden. Will man die Bildungssituation zweisprachiger Kinder in Deutschland tatsächlich verbessern, wird dies ohne eine Neuorientierung in dieser Frage kaum möglich sein" (zit. nach Neumann. In: Diefenbach, 2008: 239).

---

[2] In diesem Zusammenhang soll jedoch auch nochmals auf die bereits beschriebenen Erkenntnisse der sozialen Herkunft und der diesbezüglichen Übergangsempfehlungen verwiesen werden.

Die Bildungsabschlüsse der Sekundarstufe I von Migranten lassen sich jedoch auch zwischen den einzelnen Nationalitäten in Deutschland differenzieren. Tabelle 2 veranschaulicht dies in Form von statistischen Daten und nimmt zugleich die Differenzierung eines vorhandenen oder nicht vorhandenen beruflichen Abschlusses ein. Zudem geht die Qualifikation des Hochschulabschlusses ein (daher weicht die Tabelle in Teilbereichen etwas vom Kapitelthema ab).

Tab. 2: Schulische und berufliche Abschlüsse nach ethnischer Herkunft (in %)

	Deutsche	Türken	Italiener	Spanier
Kein Abschluss	0,7	17,9	12,6	10,7
Hauptschule				
ohne beruflichen Abschluss	8,9	38,2	37,7	22,9
mit beruflichen Abschluss	42,8	28,7	32,2	30,4
Realschule				
ohne beruflichen Abschluss	1,7	2,9	2,1	4,3
mit beruflichen Abschuss	26,0	6,9	9,5	17,0
Abitur				
ohne beruflichen Abschluss	1,2	1,3	1,0	2,8
mit beruflichen Abschluss	7,3	2,0	1,4	4,7
Hochschulabschluss	11,8	2,0	3,5	7,1
	100	100	100	100

(Mikrozensus 1996; N. Granato/F. Kalter. In: Kristen, 2003: 28)

Aus der Tabelle ist ersichtlich, dass vor allem die türkischen und italienischen Kinder in Deutschland besonders schlecht am Bildungsgeschehen beteiligt sind. (Vgl.: ebd.) *„Ihre Übergansrate zur Hauptschule ist mehr als zweimal so hoch wie die ihrer deutschen Mitschüler, und gleichzeitig beträgt der Wechsel zum Gymnasium nicht einmal ein Viertel der Gymnasialübergänge deutscher Kinder."* (Kristen, 2003: 28) Kristen erläutert außerdem, dass Migrantenkinder dann am wenigsten Chancen haben ein höheres Bildungsniveau zu erlangen, je höher ihr Einreisealter ist. Zudem fehle die notwendige Unterstützung der Eltern bezüglich der schulischen Laufbahn der ausländischen Kinder. Dies träfe dann insbesondere auf bereits in Deutschland geborenen Kinder mit Migrationshintergrund zu. (Vgl.: Kristen, 2003: 31)

Die dargestellten Determinanten „Soziale Herkunft, „Geschlecht" und „Migrationshintergrund" sollten einen groben Überblick über die Selektionsgegebenheit der Sekundarstufe I im

deutschen Bildungssystem liefern. Das nächste Unterkapitel richtet den Fokus auf die Sekundarstufe II.

2.2 Der Übergang in die Sekundarstufe II

Die Bedeutung des Besuches von Bildungsgängen in der zweiten Sekundarstufe soll in diesem Unterkapitel angerissen werden.

Grundsätzlich bleibt der Zugang zu den Bildungsmöglichkeiten der Sekundarstufe II ohne einen Bildungsabschluss der Sekundarstufe I verwehrt. (Vgl.: Ipfling, 2001: 123) Die Sekundarstufe II beinhaltet sowohl allgemeinbildende als auch berufsbildende Schulen. Die **berufliche Ausbildung** erfolgt entweder über das duale System (Ausbildung in Betrieb und Berufsschule) oder über sog. Vollzeitsekundarschulen. (Vgl.: Führ, 1997: 87)

Das **berufliche Schulwesen** *„ist stark differenziert und baut bei unterschiedlichen Anforderungen hinsichtlich der Höhe des Bildungsabschlusses auf den Schulen des Sekundarbereiches I auf"* (Führ, 1997: 88). Hierzu zählen beispielsweise Berufsfachschulen, Berufskollegs, Fachoberschulen. (Vgl.: ebd.) Das berufliche Schulwesen vermittelt neben den fachberuflichen Kenntnissen auch Bildungsabschlüsse, die über den Qualifikationen der Sekundarstufe I liegen. So werden in den Berufsfachschulen (zu ca. 27,9 %) und in den Fachoberschulen (zu ca. 41,6 %) der Bildungsgrad der „Fachhochschulreife" erworben (dies entspricht den Jahrgangsstufen 11 und 12). Keine allgemeinbildende Schule führt zu diesem Abschluss. (Vgl.: Maaz, 2006: 90f.)

Die Jahrgangstufen 11 bis 13 werden in der Regel in der gymnasialen Oberstufe absolviert, welche mit der Abiturprüfung abschließt. (Vgl.: Führ, 1997: 88)

Ca. 8,4 % der Schülerinnen und Schüler verließen im Jahr 2002 die gymnasiale Oberstufe nach der 12 Klasse und verfügten somit auch über den schulischen Teil der Fachhochschulreife. (Vgl.: Maaz, 2006: 91)

Neben den allgemeinbildenden Gymnasien vergeben beispielsweise auch Gesamtschulen, Abendgymnasien, Kollegs (usw.) die allgemeine Hochschulreife (Abitur). (Vgl.: ebd.)

Tabelle 3 gibt einen Überblick über die reiche Anzahl der beruflichen Schulen der Sekundarstufe II und deren Besucher im Schuljahr 2001/02.

Tab. 3: Schüler/-innen an beruflichen Schulen 2001/02 nach Schultypen (in Pers.)

Schulart	Insgesamt	Männer	Frauen
Berufsschulen	1.784.368	1.053.148	731.220
Berufsvorbereitungsjahr	75.810	46.496	29.314
Berufsgrundbildungsjahr	40.495	28.456	12.039
Berufsaufbauschulen	705	526	179
Berufsfachschulen	425.371	166.614	258.757
Fachoberschulen	99.442	51.090	48.352
Fachgymnasien	102.596	52.844	49.752
Kollegschulen	58	13	45
Berufs-/Techn. Oberschulen	10.813	6.995	3.818
Fachschulen	147.404	69.057	78.347
Fachakademien	7.113	1.114	5.999
Schulen des Gesundheitswesens			
Insgesamt	**2.805.953**	**1.496.504**	**1.309.449**

(Statistisches Bundesamt (2002). In: Burkhardt;
http://www.zvw.unikarlsruhe.de/download/selektion_nach_geschlecht.pdf ; Zugriff v. 24.05.09; S. 6)

Das nächste Unterkapitel soll den Zertifizierungsaspekt der verschiedenen Bildungsabschlüsse verdeutlichen.

2.3 Der Wert der Bildungsabschlüsse – Zertifizierung

Die verschiedenen Bildungsabschlüsse, die im deutschen Bildungssystem vergeben werden, sind letztendlich (nur?) Zertifizierungen. Den Absolventen wird ein „Bildungs-Zertifikat" mit entsprechender Niedrig- bzw. Hochstellung überreicht. Doch über die **Kompetenzen** der Absolventen sagen die Bildungszertifikate nichts aus. Sie sind auf Formalität beschränkt. (Vgl.: Allmendinger/Leibfried, 2003: 13ff.)

Zudem wird in Deutschland der *„erfolgreiche Abschluss"* (ebd.: 13) *„belohnt"* (ebd.), nicht wie lange ein Absolvent eine schulische Ausbildung besucht hat. (Vgl.: ebd.)

„ (...) ein Fehlen des Hauptschul- bzw. beruflichen Bildungsabschlusses" ist *„ein hartes, klares Merkmal für die Unterversorgung mit schulischer Bildung"* (Allmendinger/Leipfried, 2003: 13).

Die sozialwissenschaftliche Literatur verfügt über Publikationen, die die einzelnen Bildungsabschlüsse/Bildungszertifikate bzw. Bildungsinstitutionen bestimmen, ihnen also eine regelrechte Definition erteilen.

15

So versucht Führ (1997) beispielsweise entsprechende Bestimmungen vorzunehmen:

„Die Hauptschule vermittelt ihren Schülern eine grundlegende allgemeine Bildung, die sie entsprechend ihren Leistungen und Neigungen durch Schwerpunktbildung befähigt, ihren Bildungsweg vor allem in berufs- aber auch in studienqualifizierten Bildungsgängen fortzusetzen. " (Führ, 1997: 118)

„Die Realschule vermittelt ihren Schülern eine im Vergleich zur Hauptschule erweiterte allgemeine Bildung, die sie entsprechend ihren Leistungen und Neigungen durch Schwerpunktbildung befähigt, ihren Bildungsweg in berufs- und studienqualifizierenden Bildungsgängen fortzusetzen. Gegenüber dem Gymnasium versteht sich die Realschule als eine didaktisch anders zentrierte Schulart mit verstärkter Berufsbezogenheit. " (Führ, 1997: 125)

„Das Gymnasium vermittelt als Grundbildung für wissenschaftliche Studien eine vertiefte Allgemeinbildung und schafft zugleich Voraussetzungen für den Eintritt in berufliche Ausbildungsgänge auch nichtwissenschaftlicher Berufe, die erhöhte Bildungsanforderungen stellen. " (Führ, 1997: 130)

Soweit die Bestimmungsversuche der sozialwissenschaftlichen Literatur für die Sekundarstufe I. Auch im Sekundarbereich II wird versucht die Bildungsmöglichkeiten und zu erwerbenden Zertifizierungen zu bestimmen.

Zum Beispiel:

„Das Berufsgrundbildungsjahr" (auch Berufsgrundschuljahr genannt) *„hat die Aufgabe, allgemeine (berufsfeldübergreifende) und auf der Breite eines Berufsfeldes fachtheoretische und fachpraktische Lerninhalte als berufliche Grundbildung zu vermitteln. Es ist für Ausbildungsberufe , die dem Berufsfeld zugeordnet sind, erstes Ausbildungsjahr und damit die Grundlage einer folgenden beruflichen Fachbildung. "* (Führ, 1997: 168)

„Fachoberschulen führen in zwei Jahren zur Fachhochschulreife und vermitteln allgemeine, fachtheoretische und fachpraktische Kenntnisse und Fähigkeiten. " (Führ, 1997: 172)

Das zweite Kapitel wird mit einer graphischen Darstellung des deutschen Bildungssystems abgeschlossen. Gemäß Abbildung 1 beginnt das Bildungssystem im Elementarbereich, also im Kindergarten (ca. ab dem 3. Lebensjahr) und endet im Idealfall mit einer Promotion (Doktorprüfung) (ca. 28 Lebensjahr ff., vgl. Hradil, 2001: 156) im Tertiärbereich (Hochschulwesen).

Abb. 1: Das Bildungssystem in Deutschland

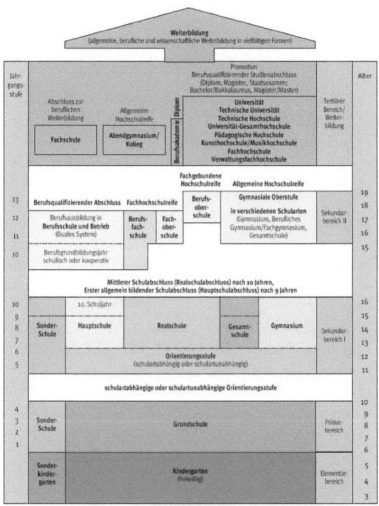

(http://infobub.arbeitsagentur.de/bbz/images/1_1.jpg; Zugriff vom 05.07.2009)

3. Hochschule – Eine geschlossene Gesellschaft (?)

3.1 Die geringe Bildungsbeteiligung von Arbeiterkindern an Hochschulen

„DIE ZEIT" betitelte die Studierenden in Deutschland im Juni 2008 als „*Geschlossene Gesellschaft*" und hob mit ihrem Artikel hervor, dass an den Hochschulen vor allem Akademikerkinder studieren. (Vgl.: Reinhold, 2008: 1)

Die Hochschulbildung, also der Tertiärbereich des Bildungssystems, gilt in unserer zivilisierten Gesellschaft als das Exklusivste im gesamten System der Bildung. Prestige und akademische Abschlüsse liegen nah beieinander. (Vgl.: Müller/Pollak, 2008: 307) Bereits Dichgans erwähnte 1979, dass „*die theoretische Begabung, die man „intellektuell" zu nennen pflegt, höher bewertet wird als die praktische*" (34).

Müller und Pollak (2008) weisen jedoch bedauernd daraufhin, dass das Besondere der akademischen Ausbildung durch die immer größere Beteiligung im tertiären Bereich etwas verloren geht. (Vgl.: ebd.: 307) Jedoch halten sie gleichzeitig dagegen, indem sie betonen, dass der Akademikerstaus unverändert das Tor zu besseren Lebenschancen (beruflich und sozial), „*zu vorteilhaften Erwerbpositionen*" und „*zu höheren Einkommen*" ist (Müller/Pollak, 2008: 307).

In diesem Unterkapitel soll die tertiäre Bildungsbeteiligung von Arbeiterkindern erläutert werden. In den 1970er Jahren wiesen Altendorf, Bäcker, Broda und Hofemann darauf hin, dass die Anzahl der Studierenden aus bildungsfernen Familien, demnach also überwiegend Arbeiterfamilien, im Jahr 1976 (lediglich oder immerhin?) 13 % betrug. (Vgl.: Altendorf et al., 1978: 15)

Maaz (2006) hält fest, dass die Aufnahme eines Studiums sehr stark von der sozialen Herkunft der potenziellen Studierenden abhängig ist, also von der „*Schichtzugehörigkeit*" der Eltern (ebd.: 216). (Dies lässt sich auch automatisch aufgrund der Erkenntnisse in Kapitel Zwei erschließen.) „*Im Vergleich zu Oberschichtkindern wechseln insbesondere Personen aus der unteren Dienstklasse, der Facharbeiterschicht sowie den Selbstständigen*[3] *signifikant seltener in ein Studium.*" (Maaz, 2006: 216)

Warum also ist die Partizipation von Jugendlichen aus den sog. bildungsfernen Milieus, wie z.B. Arbeiterfamilien, bei einer Hochschulausbildung, wenn sie es sogar, (entgegengesetzt der Erkenntnisse des zweiten Kapitels), schon bis zum (Fach)Abitur

---

[3] Die Differenzierung „Selbstständige" ist jedoch etwas unglücklich gewählt, da zu den Selbstständigen sowohl ein/eine Kiosk- oder SchnellimbissbetreiberIn (Beispiele) gezählt werden kann, als auch ein studierter Arzt/eine studierte Ärztin der bzw. die eine Praxis betreibt (Beispiele). Daher wäre es sinnvoller, die „Selbstständigen" weitaus spezifischer zu differenzieren. (Vgl.: El-Mafaalani, 2009. In: Lehrveranstaltung der FH Dortmund)

geschafft haben sollten, so extrem gering? Der Beitrag von Müller und Pollak (2008) zieht zunächst die Ansätze von Raymond Boudon aus dem Jahr 1974 hinzu. Ihmnach werden, bezüglich der ungleichen Bildungsbeteiligung, „primäre Herkunftseffekte" und „sekundäre Herkunftseffekte" unterschieden. (Vgl.: Müller/Pollak: 2008: 307) Die Autoren erläutern die differenzierten Herkunftseffekte wie folgt:

„Als Folge unterschiedlicher kultureller, sozialer und ökonomischer Bedingungen für die Entwicklung der kognitiven Fähigkeiten und unterschiedlicher Unterstützung und Förderung in den Familien, in denen Kinder aufwachsen, werden Kinder unterschiedlicher sozialer Herkunft den jeweiligen schulischen Leistungsanforderungen unterschiedlich gut gerecht und sind unterschiedlich erfolgreich (primäre Effekte)." (Müller/Pollak, 2008: 307)

„(...) noch wichtiger ist, dass sich Kinder unterschiedlicher sozialer Herkunft selbst bei gleichen Leistungen oder gleicher Leistungsfähigkeit auch darin unterscheiden, ob sie die Ausbildung auf einer gegebenen Bildungsstufe beenden oder auf einer weiterführenden, anspruchsvolleren Stufe fortsetzen (sekundäre Effekte)." (Müller/Pollak, 2008: 307)

Das Ineinanderfließen dieser beiden Effekte ergibt mehr und mehr eine Selektevierung der Schülerinnen und Schüler bzw. der Studierenden. Dies ist von Bildungsstand zu Bildungsstand (also von Stufe zu Stufe) stets fortlaufend. Demnach fortläuft dieses „Prinzip" auch bis hin zur akademischen Bildung. (Vgl.: ebd.)

Müller und Pollak erläutern weiter anhand *„rationaler Wahlentscheidungen"* (ebd.: 309). Diese lauten wie folgt:

- Kostenerwartungen
- Nutzenerwartungen
- Erfolgswahrscheinlichkeit (Vgl.: ebd.: 309f.)

Die eintretenden Kosten der höheren Bildung lassen sich von finanziell schwachen Familien nur sehr schwer bestreiten. Zudem haben finanziell Minderbemittelte meist eine sehr viel kürzere, zeitliche „Limitgrenze", nach der sich die Investitionen auszahlen müssen. (Vgl.: Hillmert/Jacob, 2003: 310) Hinzu kommt das fehlende Einkommen während der Bildungsjahre, welches sich jedoch durch das anschließende höhere Einkommen ausgleichen wird. (Vgl.: Müller/Pollak, 2008: 310)

Die Nutzbarkeit der höheren Bildung wird von bildungsfernen Schichten nicht erkannt. (Vgl.: ebd.) Eltern aus der höheren Bildungsschicht *„trachten"* (ebd.) regelrecht danach, den eigenen Status auch für die eigenen Kinder zu ermöglichen und somit zu sichern. (Vgl.: ebd.)

Zuletzt sind auch die Erfolgswahrscheinlichkeiten prägend. Bei Studierwilligen aus der Arbeiterfamilie entstehen letztendlich Zweifel, ob sie einen Bildungsgang des tertiären Bereichs wirklich erfolgreich durchqueren können. (Vgl.: ebd.: 309f.) Kinder und Jugendliche aus bildungsnahen Familien erhalten mit höherer Wahrscheinlichkeit Unterstützung in jeder Beziehung. Zudem können sie sich an den bereits gemachten Erfahrungen ihrer Akademikereltern orientieren. (Vgl.: Erikson sowie Jonsson, 2008: 310) Zum Abschluss dieses Unterkapitels, sollen Goldthorpes *„Strategien der Investition in Bildung"* (Müller/Pollak, 2008: 310) bezüglich bildungsnaher Milieus vs. bildungsferner Milieus hervorgebracht werden. Diese lassen sich wie folgt zusammenfassen:

„(...) die Strategie (der Dienstklasse) von oben, für die alles dafür spricht, zur Sicherung des Statuserhaltes von vornherein auf die Karte hoher Bildung ihrer Kinder zu setzen, und die Strategie (der Arbeiterklasse) von unten, bei der Logik der Situation die Wahl weniger anspruchsvoller, weniger kostspieliger und weniger riskanter, mittlerer Bildungspfade nahe legt (...)" (Müller/Pollak, 2008: 310).

Strategien sollen uns auch im nächsten Unterkapitel beschäftigen, indem nun entgegengesetzt, „Strategien" zu einem beabsichtigten und zielstrebig verfolgten Bildungsaufstieg von Angehörigen bildungsferner Milieus beschrieben werden sollen.

3.2   Strategien zum Bildungsaufstieg bildungsferner Milieus

„Ausnahmen bestätigen die Regeln" – Diese bekannte und sehr gebräuchliche Redewendung könnte sowohl zu diesem Unterkapitel, als auch zum darauf Folgenden passen. Diese wissenschaftliche Hausarbeit beleuchtete bislang die Erkenntnisse der Wissenschaft, bezüglich der Bildungschancenbenachteiligung, unter anderem aus bildungsfernen Familien. Doch die Professionen der Wissenschaft heben auch hervor, dass es dennoch explizite Ausnahmen gibt. D.h., dass einzelne Angehörige aus bildungsfernen Milieus, dennoch einen Bildungsaufstieg wollen und auch wagen. (Vgl.: King, 2009: 54f.)

Welche Motive haben also, z.B. klassische Arbeiterkinder einen Bildungsaufstieg auch nur in Erwägung zu ziehen und dann wohlmöglich auch noch zu verwirklichen?

Dies soll in diesem Teil des dritten Kapitels kurz und knapp veranschaulicht werden.

Die Autoren Grundmann, Bittlingmayer, Dravenau und Groh-Samberg (2008) bringen verschiedene Aspekte mit ein. Zunächst benennen sie den Aspekt, dass das Anstreben von höher angesehenen Bildungsabschlüssen/-titeln die wohl einzige Möglichkeit bietet, der Armut und der Ausgrenzung in der „sozialen Welt" zu entgehen. Sowohl Armuts- als auch Ausgren-

zungserfahrungen sind den Anhängern der Mittel- und Unterschicht durchaus geläufig. Der hohe Bildungsabschluss wird also als Ticket zur Oberschicht bzw. zum bildungsnahen Milieu betrachtet. (Vgl.: Grundmann et al., 2008: 57f.) Des Weiteren wird in das Erwerben von höher angesehenen Bildungstiteln eine Hoffnung interpretiert, Sozialkompetenzen zu erlernen bzw. zu fördern. (Vgl.: ebd.) Bildungsaufstiegswillige Anhänger bildungsferner Milieus schätzen und achten die höhere Bildung bzw. die institutionalisierte Bildung mehr und mehr. *„Dies (...) zwingt sie zu gesteigerter Anstrengung."* (Grundmann et al., 2008: 61)

Grundmann et al. ziehen jedoch auch die Erkenntnisse von Nittel hinzu, der betont, dass das Anstreben von höheren Bildungstiteln für Angehörige bildungsferner Milieus *„zu einem leidvollen Prozess werden (...) kann"* (Grundmann et al., 2008: 61).

Doch nicht nur der **Weg** zum Bildungsaufstieg kann für Angehörige der bildungsfernen Schicht regelrecht „leidvoll" sein. Auch nach erfolgreichem Bildungsaufstieg haben es Bildungsaufsteiger in ihrem sozialen Umfeld, ihrem **Ursprungsmilieu**, oft sehr schwer. Dieser Blickwinkel soll im nächsten Unterkapitel näher betrachtet werden.

3.3 *„Weil ich mich sehr lang allein gefühlt hab' mit meiner Bildung..."* (King. In: Budde/Willems (Hrsg.) 2009: 53) – Beschreibungen einer Bildungsaufsteigerin

Wie zuvor überleitend erwähnt, birgt eine Bildungsaufstiegskarriere immer einen gewissen Leidensdruck bei Bildungsaufsteigern mit sich. Dies verdeutlicht bereits die gewählte Überschrift dieses Unterkapitels, welche aus einem wissenschaftlichen Aufsatz von Vera King (2009) übernommen wurde. Ein Bildungsaufstieg beinhaltet somit Erfolg und Ausgrenzung für den Aufsteigenden gleichzeitig. Ausgrenzung beispielsweise im Sinne des familiären Umfeldes. (Vgl.: King, 2009: 66) Haas und Rohleder sprechen von *„der Entfremdung gegenüber dem Herkunftsmilieu"* sowie einer *„sozialen Heimatlosigkeit"* (Haas und Rohlender, 2008: 61).

King beschreibt diese „Brandherde" des Leidensdrucks als *„psychosoziale Anforderungen"* (King, 2009: 66). So müssen Bildungsaufsteiger nicht nur über ausreichend eigener Überzeugung und Motivation verfügen, sondern auch über spezielle Kompetenzen, die für einen Aufstieg (oder evtl. Ausstieg aus dem Herkunftsmilieu?) unabwendbar sind. Bildungsaufsteiger müssen sich mit Abtrennung, Distanzierung, individueller Umwandlung und dem entstehenden Unterschied zwischen eigentlicher Herkunft und „so bin ich jetzt, so gestalte ich nun mein Leben und verfolge meine (neuen) Ziele", auseinandersetzen. Dies kostet den Bildungs-

aufsteigern enorm viel Kraft und kann somit auch zu Überforderung führen. (Vgl.: King, 2009: 58/66)

King zieht in ihrem Beitrag ein Projekt hinzu, indem 60 Studierende aus bildungsfernen Milieus[4] befragt, und deren Interviews anschließend analysiert wurden.

In Anlehnung an den eben beschriebenen Aspekt bezüglich eines mehr oder weniger „leidvollen" bzw. anerkennungslosen Bildungsaufstieg, soll an dieser Stelle eine wörtliche Beschreibung einer Bildungsaufsteigerin[5] eingefügt werden.

„Sandra: Es ist praktisch so, als wenn man so draußen steht, wenn man so ein Glashaus hat und da drin sitzen dann sozusagen die Eltern, Geschwister, Verwandte. Und man steht draußen und man hat irgendwie hinter sich die Tür zugeschlagen, aber die Tür ist nicht mehr da, es ist nur noch ne Wand da, man kann nicht mehr rein. [mh] Und man sieht einfach alles noch und man denkt so: Na ja, eigentlich gehöre ich ja dazu. Aber man ist, man gehört nicht mehr dazu, weil man halt eine ganz andere Ebene inzwischen erreicht hat. [ja] Und äh, man hat sich nicht mehr wirklich viel zu sagen. [mh, ja] Also, das heißt jetzt nicht, dass man sich nicht mehr liebt oder so. [mh] Es ist einfach so, es sind so zwei verschließende Welten, die jetzt aufeinander prallen." (King, 2009: 62)

Dieser Auszug aus den erwähnten Interviews, beschreibt die Erkenntnisse des Leidensdrucks und der Distanzierung von der Herkunftsfamilie sehr gut.

Um dieses Kapitel abzuschließen ist Folgendes festzuhalten. Ein Bildungsaufstieg ist auch immer eine große Hürde, die von den Aufsteigern bewältigt werden muss. Hier wurden die sozial-familiären Hürden beschrieben. Hinzu kommt natürlich auch die Hürde der Leistungserbringung.

4.   Resümee/Diskussion

Diese Ausarbeitung wurde mit drei Zitaten verschiedener Personen eingeleitet, die alle den selben thematischen Hintergrund besaßen. (Vgl.: „Einleitung", S. 1)

Aufgrund der nun vorliegenden Erkenntnisse kann festgehalten werden, dass alle Äußerungen definitiv einen Wahrheitsgehalt beinhalten. So provozierend oder unangenehm es für den einen oder anderen Leser evtl. auch sein mag: Bildung kann teilweise als Privileg bezeichnet werden und ist alles andere als selbstverständlich.

---

[4] Die Eltern dieser Akademiker verfügten **nicht** über eine Hochschulzugangsberechtigung ((Fach)Abitur).

[5] Der Name „Sandra" ist sowohl in der Quelle als auch in dieser Hausarbeit anonymisiert und wurde aus der Originalquelle übernommen.

Es ist doch sehr erschreckend (jedoch auch nicht zwangsläufig überraschend, wenn in den letzten Jahren Politik und ggf. Presse verfolgt wurden), dass die Faktoren „Soziale Herkunft", „Geschlecht" und „Migrationshintergrund" einen dermaßen einflussreichen Stellenwert bezüglich der Bildungswege von Kindern und Jugendlichen einnehmen. Darüber hinaus macht sich soziale Ungleichheit nicht nur im Bildungsbereich bemerkbar. Das erste Kapitel zeigte, dass das gesellschaftliche Phänomen „Soziale Ungleichheit" allgegenwärtig und aktuell ist. Nun treten evtl. folgende Fragen auf: Ist diese „Ungleichheit" eigentlich gerecht? Ist sie generell überhaupt veränderbar? Bestimmte Determinanten sozialer Ungleichheit lassen sich (wie bereits in 1.5 erläutert) sicherlich eigenverantwortlich ändern, andere jedoch nicht.

Es ist wichtig hier ausdrücklich zu betonen, dass die soziale Ungleichheit nicht zwangsläufig als *ungerecht* interpretiert werden sollte! Sondern als Gegebenheit akzeptiert werden muss. Sicherlich sind hier einzelne Aspekte nicht tolerierbar, wie z.B. die differenzierte Verteilung des Einkommens zwischen Frauen und Männern, *trotz* gleicher Qualifikation (akademisch sowie nichtakademisch) und identisch erbringender Leistung.

Diese Ausarbeitung verdeutlichte sowohl im zweiten Kapitel als auch im dritten Kapitel die Bildungsbenachteiligung besonders anhand der sozialen Herkunft. Werden also die Familien aus bildungsfernen Mittel- und Unterschichten als Menschen „zweiter Klasse" abgestempelt? Dies würde höchstwahrscheinlich nie jemand wörtlich behaupten, doch die wissenschaftlichen Erkenntnisse dieser Arbeit lassen diese „Betitelung" schwerwiegend vermuten. An dieser Stelle soll diesbezüglich hervorgehoben werden dass sowohl, wenn wir uns nun auf Qualifikation und Arbeitskraft beschränken, Arbeiter als auch Akademiker in unserer Gesellschaft benötigt werden. Daher ist eine „Zweiklasseneinteilung" nicht nur äußerst provozierend, sondern evtl. auch unangebracht. Wie würden unsere Straßen ohne Arbeiter aussehen? Wer repariert das defekte Auto? Wie sollen neue Häuser erbaut werden? (Wobei bei Letzterem auch Akademiker beteiligt sind.) Es soll hiermit lediglich oberflächig verdeutlicht werden, dass die bildungsfernen Schichten mit ihren niedrig angesehenen Qualifikationen durchaus von Nöten sind. Dennoch ist festzuhalten, dass die moderne Gesellschaft wohl nicht mit einem Arbeitermangel zu rechnen hat, jedoch mit einem gravierenden Akademikermangel! In diesem Zusammenhag eröffnet das Thema Bildungschancen und z.B. soziokultureller Hintergrund einen konfliktgeladenen Diskurs, der nicht zu verachten ist.

Ebenfalls konfliktanregend und nicht zu verachten ist der Leidensdruck von Bildungsaufsteigern, die es ja dennoch gibt.

Im dritten Kapitel wurde deutlich, dass es Bildungsaufsteiger in ihren bildungsfernen Familien alles andere als leicht haben[6].

An dieser Stelle sollte sich evtl. auch die Soziale Arbeit mit ihren Fachkräften einklinken. Beispielsweise existiert bereits das Internetportal „Arbeiterkind.de". Hier werden studierwillige Arbeiterkinder unterstützt, bzw. zur Aufnahme des akademischen Bildungsweges ermutigt, sowie mit ihren familieninternen Erfahrungen (Vgl.: Fußzeile Nr. 6) konfrontiert bzw. bestätigt. Z.B.:

„Du denkst wohl, Du bist etwas Besseres? Sind wir Dir nicht mehr gut genug? Wir haben auch nicht studiert und kommen gut klar!"

(http://www.arbeiterkind.de/warum/vorurteile.html; Zugriff v. 15.07.2009)

„Du willst jetzt wohl unter die Intellektuellen gehen?"

(http://www.arbeiterkind.de/warum/vorurteile.html; Zugriff v. 15.07.2009)

Das Thema „Leidensdruck von aufgestiegenen Arbeiterkindern" bietet ausreichend Inhalt für weitere wissenschaftliche Erhebungen und Publikationen.

Soziale Ungleichheit, Bildung und Chancengerechtigkeit wurden in dieser Arbeit als zentrales Problem im Bildungssystem beschrieben. Es lässt sich abschließend festhalten, dass das Chancengerechtigkeitsproblem zwar definitiv überwiegt, es dennoch einzelnen Ausnahmen gibt, die dann als „Bildungsaufsteiger" bezeichnet werden können.

---

[6] Das Leiden von studierenden Arbeiterkindern in ihren Herkunftsfamilien, wurde auch im ersten Semester des Bachelor-Studiums „Soziale Arbeit" an der Fachhochschule Dortmund thematisiert. Hier wurde verdeutlicht, dass es diesen Studierenden in ihren Familien z.B. an Anerkennung und Respekt fehlt. Dies führt logischerweise zu Aggressionen (u.ä.) sowie zu einem noch intensiveren Distanzieren gegenüber der Familie und dem Milieu. Dies wird in den Familien dann oft als überheblich, eingebildet oder „... meint etwas besseres zu sein" interpretiert. Zudem ist die Kommunikation in diesen Familien aufgrund des neuen, akademischen Horizontes des Kindes extrem schwierig und belastend. (Vgl.: Bohn, 2008. In: Lehrveranstaltung der FH Dortmund)

Literaturverzeichnis

- **Allmendinger, Jutta/Leibfried, Stephan**; 2003: Bildungsarmut. In: Das Parlament. Aus Politik und Zeitgeschichte; Jg. B 21-22/2003; S. 12-18

- **Altendorf, Hans/Bäcker, Gerhard/Broda, Michael/Hofemann, Klaus** (mit einem Vorwort von Frister, Erich); 1978: Arbeiterkinder an den Hochschulen. Soziale Selektion, materielle Lage, Ausbildungsförderung; Frankfurt am Main; Europäische Verlagsanstalt

- **Baur, Rita**. In: Becker, Rolf; 2008: Soziale Ungleichheit von Bildungschancen und Chancengerechtigkeit. In: Becker, Rolf/Lauterbach, Wolfgang (Hrsg.); 2008: Bildung als Privileg? Erklärungen und Befunde zu den Ursachen der Bildungsungleichheit; 3. Auflage; Wiesbaden; VS Verlag für Sozialwissenschaften; S. 161-189

- **Baumert, Jürgen/Cortina, Kai S./Leschinsky, Achim/Mayer, Karl Ulrich/Trommer, Luitgard (Hrsg.)**; 2008: Das Bildungswesen in der Bundesrepublik Deutschland; überarbeitete Neuausgabe; Reinbek bei Hamburg, Rowohlt Taschebuch Verlag

- **Bohn, Caroline**; 2008. In: Lehrveranstaltung der FH Dortmund; Fachbereich Angewandte Sozialwissenschaften; Dimensionen sozialer Probleme; Wintersemester 2008/09

- **Boudon, Raymond**. In: Müller, Walter/Pollak, Reinhard. In: Weshalb gibt es so wenige Arbeiterkinder in Deutschlands Universitäten? In: Becker, Rolf/Lauterbach, Wolfgang (Hrsg.); 2008: Bildung als Privileg? Erklärungen und Befunde zu den Ursachen der Bildungsungleichheit; 3. Auflage; Wiesbaden; VS Verlag für Sozialwissenschaften; S. 307-346

- **Burkhard, Anke** (mit einem Vorwort von: Klinsing, Larissa); 2004: Selektion nach Geschlecht im Bildungswesen; o. O.; Gewerkschaft für Erziehung und Wissenschaft; http://www.zvw.uni-karlsruhe.de/download/selektion_nach_geschlecht.pdf Onlinezugriff vom 24.05.2009

- **Brendel, Sabine/Metz-Göckel, Sigrid** (unter Mitarbeit von Kirchhoff, Sabine); 2001: Das Studium ist schon Hauptsache, aber ...; Bielefeld; Kleine Verlag GmbH

- **Dichgans, Hans**; 1979: Bildung und Selektion. Von der Unvermeidbarkeit der Auswahl; Köln; Verlag J. P. Bachem

- **Diefenbach, Heike**; 2008: Bildungschancen und Bildungs-(miss)erfolge von ausländischen Schülern oder Schülern aus Migrantenfamilien im System schulischer Bildung. In: Becker, Rolf/Lauterbach, Wolfgang (Hrsg.); 2008: Bildung als Privileg? Erklärungen und Befunde zu den Ursachen der Bildungsungleichheit; 3. Auflage; Wiesbaden; VS Verlag für Sozialwissenschaften; S. 221-245

- **Ditton, Hartmut**; 2001: Der Beitrag von Schule und Lehrern zur Reproduktion von Bildungsungleichheit. In: Becker, Rolf/Lauterbach, Wolfgang (Hrsg.); 2008: Bildung als Privileg? Erklärungen und Befunde zu den Ursachen der Bildungsungleichheit; 3. Auflage; Wiesbaden; VS Verlag für Sozialwissenschaften; S. 247-275

- **El-Mafaalani, Aladin**; 2009. In: Lehrveranstaltung der Fachhochschule Dortmund; Fachbereich Angewandte Sozialwissenschaften; Bildung und Sozialstaat – Perspektiven für eine Bildungsrepublik Deutschland; Sommersemester 2009

- **Erikson, Robert**. In: Müller, Walter/Pollak, Reinhard. In: Weshalb gibt es so wenige Arbeiterkinder in Deutschlands Universitäten? In: Becker, Rolf/Lauterbach, Wolfgang (Hrsg.); 2008: Bildung als Privileg? Erklärungen und Befunde zu den Ursachen der Bildungsungleichheit; 3. Auflage; Wiesbaden; VS Verlag für Sozialwissenschaften; S. 307-346

- **Fischer, W./Lundgreen, P.** In: Maaz, Kai; 2006: Soziale Herkunft und Hochschulzugang. Effekte institutioneller Öffnung im Bildungssystem; Wiesbaden; VS Verlag für Sozialwissenschaften

- **Führ, Christoph**; 1997: Deutsches Bildungswesen seit 1945. Grundzüge und Probleme; Neuwied, Kriftel, Berlin; Luchterhand Verlag

- **Geißler, R.** In: Hradil, Stefan; 2001 (Nachdruck 2005): Soziale Ungleichheit in Deutschland; 8. Auflage; Wiesbaden; VS Verlag für Sozialwissenschaften

- **Goldthorpe, John**. In: Müller, Walter/Pollak, Reinhard. In: Weshalb gibt es so wenige Arbeiterkinder in Deutschlands Universitäten? In: Becker, Rolf/Lauterbach, Wolfgang (Hrsg.); 2008: Bildung als Privileg? Erklärungen und Befunde zu den Ursachen der Bildungsungleichheit; 3. Auflage; Wiesbaden; VS Verlag für Sozialwissenschaften; S. 307-346

- **Grundmann, Matthias**; Bittlingmayer, Uwe H.; Dravenau, Daniel; Groh-Samberg, Olaf. In: Bildung als Privileg und Fluch – zum Zusammenhang zwischen lebensweltlichen und institutionalisierten Bildungsprozessen. In: Becker, Rolf/Lauterbach, Wolfgang (Hrsg.); 2008: Bildung als Privileg? Erklärungen und Befunde zu den Ursachen der Bildungsungleichheit; 3. Auflage; Wiesbaden; VS Verlag für Sozialwissenschaften; S. 47-74

- **Haas, Erika**. In: Grundmann, Matthias; Bittlingmayer, Uwe H.; Dravenau, Daniel; Groh-Samberg, Olaf. In: Bildung als Privileg und Fluch – zum Zusammenhang zwischen lebensweltlichen und institutionalisierten Bildungsprozessen. In: Becker, Rolf/Lauterbach, Wolfgang (Hrsg.); 2008: Bildung als Privileg? Erklärungen und Befunde zu den Ursachen der Bildungsungleichheit; 3. Auflage; Wiesbaden; VS Verlag für Sozialwissenschaften; S. 47-74

- **Henz, Ursula/Maas, Ineke**. In: Becker, Rolf; 2008: Soziale Ungleichheit von Bildungschancen und Chancengerechtigkeit. In: Becker, Rolf/Lauterbach, Wolfgang (Hrsg.); 2008: Bildung als Privileg? Erklärungen und Befunde zu den Ursachen der Bildungsungleichheit; 3. Auflage; Wiesbaden; VS Verlag für Sozialwissenschaften; S. 161-189

- **Hillmert, Steffen/Jacob, Marita**. In: Müller, Walter/Pollak, Reinhard. In: Weshalb gibt es so wenige Arbeiterkinder in Deutschlands Universitäten? In: Becker, Rolf/Lauterbach, Wolfgang (Hrsg.); 2008: Bildung als Privileg? Erklärungen und Befunde zu den Ursachen der Bildungsungleichheit; 3. Auflage; Wiesbaden; VS Verlag für Sozialwissenschaften; S. 307-346

- **Hradil, Stefan**; 2001 (Nachdruck 2005): Soziale Ungleichheit in Deutschland; 8. Auflage; Wiesbaden; VS Verlag für Sozialwissenschaften

- **Ipfling, Heinz-Jürgen**; 2001: Neuere Aufgaben und Formen von Schule. In: Lukesch, Helmut/Peez, Helmut (Hrsg.) 2001: Erziehung, Bildung und Sozialisation in Deutschland; Regensburg; Roderer Verlag; S. 117-129

- **Jonsson, Jan**. In: Müller, Walter/Pollak, Reinhard. In: Weshalb gibt es so wenige Arbeiterkinder in Deutschlands Universitäten? In: Becker, Rolf/Lauterbach, Wolfgang (Hrsg.); 2008: Bildung als Privileg? Erklärungen und Befunde zu den Ursachen der Bildungsungleichheit; 3. Auflage; Wiesbaden; VS Verlag für Sozialwissenschaften; S. 307-346

- **King, Vera**. In: Budde, Jürgen/Willems, Katharina (Hrsg.); 2009: Bildung als sozialer Prozess. Heterogenitäten, Interaktionen, Ungleichheiten; Weinheim und München; Juventa Verlag; S. 53-72

- **Kraus, Josef**; 2008: Bildungsgerechtigkeit. In: Das Parlament. Aus Politik und Zeitgeschichte, Jg. 49, S. 8-13

- **Kristen, Cornelia**. In: Becker, Rolf; 2008: Soziale Ungleichheit von Bildungschancen und Chancengerechtigkeit. In: Becker, Rolf/Lauterbach, Wolfgang (Hrsg.); 2008: Bildung als Privileg? Erklärungen und Befunde zu den Ursachen der Bildungsungleichheit; 3. Auflage; Wiesbaden; VS Verlag für Sozialwissenschaften; S. 161-189

- **Kristen, Cornelia**; 2003: Ethnische Unterschiede im deutschen Schulsystem. In: Das Parlament. Aus Politik und Zeitgeschichte, Jg. B 21-22/2003; S. 26-32

- **Lehmann, R. H.; Peek, R.; Gänsfuß, R.** In: Maaz, Kai; 2006: Soziale Herkunft und Hochschulzugang. Effekte institutioneller Öffnung im Bildungssystem; Wiesbaden; VS Verlag für Sozialwissenschaften

- **Maaz, Kai**; 2006: Soziale Herkunft und Hochschulzugang. Effekte institutioneller Öffnung im Bildungssystem; Wiesbaden; VS Verlag für Sozialwissenschaften

- **Müller, W./Shavit, Y.** In: Maaz, Kai; 2006: Soziale Herkunft und Hochschulzugang. Effekte institutioneller Öffnung im Bildungssystem; Wiesbaden; VS Verlag für Sozialwissenschaften

- **Müller, Walter/Pollak, Reinhard**. In: Weshalb gibt es so wenige Arbeiterkinder in Deutschlands Universitäten? In: Becker, Rolf/Lauterbach, Wolfgang (Hrsg.); 2008: Bildung als Privileg? Erklärungen und Befunde zu den Ursachen der Bildungsungleichheit; 3. Auflage; Wiesbaden; VS Verlag für Sozialwissenschaften; S. 307-346

- **Neumann, Ursula**. In: Diefenbach, Heike; 2008: Bildungschancen und Bildungs(miss)erfolge von ausländischen Schülern oder Schülern aus Migrantenfamilien im System schulischer Bildung. In: Becker, Rolf/Lauterbach, Wolfgang (Hrsg.); 2008: Bildung als Privileg? Erklärungen und Befunde zu den Ursachen der Bildungsungleichheit; 3. Auflage; Wiesbaden; VS Verlag für Sozialwissenschaften; S. 221-245

- **Nittel, Dieter**. In: Grundmann, Matthias; Bittlingmayer, Uwe H.; Dravenau, Daniel; Groh-Samberg, Olaf. In: Bildung als Privileg und Fluch – zum Zusammenhang zwischen

lebensweltlichen und institutionalisierten Bildungsprozessen. In: Becker, Rolf/Lauterbach, Wolfgang (Hrsg.); 2008: Bildung als Privileg? Erklärungen und Befunde zu den Ursachen der Bildungsungleichheit; 3. Auflage; Wiesbaden; VS Verlag für Sozialwissenschaften; S. 47-74

- **Portmann, Rosemarie**; 2006: Welche Bildung brauchen Kinder? Auf den Punkt gebracht; München, Don Bosco Verlag

- **Preisendörfer, Bruno**; 2008: Bildung, Interesse, Bildungsinteresse. In: Das Parlament. Aus Politik und Zeitgeschichte, Jg. 49, S. 3-7
- **Reinhold, Fabian**. Studentenschaft. Geschlossene Gesellschaft. In: Die Zeit; 05.06.2008; Nr. 24; http://www.zeit.de/2008/24/C-Soz-Stud?page=1; Onlinezugriff vom 19.03.2009

- **Rohleder, Christiane**. In: Grundmann, Matthias; Bittlingmayer, Uwe H.; Dravenau, Daniel; Groh-Samberg, Olaf. In: Bildung als Privileg und Fluch – zum Zusammenhang zwischen lebensweltlichen und institutionalisierten Bildungsprozessen. In: Becker, Rolf/Lauterbach, Wolfgang (Hrsg.); 2008: Bildung als Privileg? Erklärungen und Befunde zu den Ursachen der Bildungsungleichheit; 3. Auflage; Wiesbaden; VS Verlag für Sozialwissenschaften; S. 47-74

- **Schimpel-Neimanns/Lüttinger**. In: Hradil, Stefan; 2001 (Nachdruck 2005): Soziale Ungleichheit in Deutschland; 8. Auflage; Wiesbaden; VS Verlag für Sozialwissenschaften

Externer Onlinezugriff:

Internetportal: „Arbeiterkind.de"
„Das Internetportal für alle Schüler und Studierende, die als erste in ihrer Familie einen Studienabschluss anstreben."
http://www.arbeiterkind.de/; Zugriff vom 15.07.2009

Tabellen- und Abbildungsverzeichnis